목련의 방식

서정연 시집

문학의전당 시인선
222

목련의 방식

서정연 시집

문학의전당

시인의 말

불안하고 무기력해서 슬픈,
외딴 섬에 갇힌 유배의 시간.

나 혼자만일 거라고는 생각하지 않는다.

2016년 2월
서정연

차례

시인의 말

제1부

새야 13
낙태 혹은 낙타 14
찔레꽃, 그 여자 16
풍경 소리 17
친절하게도 18
또는 상처에 대하여 20
선유도 21
키스 22
시간의 기억 23
그래서 어쩌라구요? 24
전철 안 26
선물 27
세상에 없는 빈방 28
눈썹달 30

제2부

뻐꾸기시계 33
새 34
외도 36
조강지처 37
나와 너 사이에는 와가 있다 38
아내 40
가정 41
현금서비스 42
조팝꽃 44
새벽 45
꽃잎으로 흐르는 강 46
개벽(開闢) 48
그 후, 49
목련의 방식 50

제3부

배롱꽃 필 때 53
대책 없는 상사(相思) 54
봉선화 55
동백꽃 56
벚꽃 57
기도 58
눈물의 힘 59
여자 나이 60
너는 모를 거다 62
마침내 64
연필에 대한 명상 66
귀뚜라미 소리 68
벌레 먹은 나뭇잎 69
사월의 노래 70

제4부

미늘 73
목숨 74
단술 75
차밭에서 76
매화를 찾아서 78
가을은 79
달팽이 80
수선화 81
편지 82
완두콩 84
끈 85
텅 빈 뜰 86
여행 88
돼지저금통 90

해설 | 상처와 치유 사이　91
　　　| 고영(시인)

제1부

새야

새는 걸어서 하늘을 날고

아기는 걸어서 샛길로 가고

나는 걸어서

너에게로 간다

낙태 혹은 낙타

바람, 바람을 타고
물오른 나무마다 가만가만 속살대는 꽃, 꽃잎들.
얼마나 지났을까.
모래폭풍 사이로 잠깐 비치는 햇살처럼 느리게 더듬는 꽃,
꽃잎들.

아득히 아득하게
분명 둘이서 나눈 숨결인데
혼자서 女子 혼자서 오아시스 없는 사막을 건넌다.
스르륵 떨어지는 꽃, 꽃잎들.
검은 입속에서
스르륵 스르륵 흘러나오는 꽃, 꽃잎들.

다음엔 모래를 낳을 거야.

꽃잎을 버리고,
눈물을 버리고 하얗고 검은 밤을 건널 거야.

형체도 없이
스멀스멀 기어오르는 벌레, 벌레들. 女子는 평생 뜯어내야 할 벌레들을
입안으로 삼킨다.
사막을 삼킨다.

찔레꽃, 그 여자

사내가
열아홉 살 여자를 데리고
섬에 갔다

찔레꽃처럼 흰 꽃망울 내밀던 그 여자
꽃씨 같은 아이를 잉태하자
손을 잡고 병원에 데리고 갔다

사내는
무엇이 그리 급했는지
뒤도 돌아보지 않고 갔다

그 사내 어디만큼 갔을까

찔레철이면
가시에 찔리면서도
여린 순이랑 흰 꽃잎 먹고 싶은
그 여자,

풍경 소리

처마 끝에는 광주리가 매달려 있다. 광주리에서는 바람이 지날 때마다 소리가 났다. 마당가를 비추던 햇살이 토방까지 와 닿았다. 아이는 광주리를 향해 까치발을 들었다. 광주리에는 삶은 고구마와 열무김치, 보리밥인 새참이 들어 있을 것이다. 아이의 손은 광주리에 닿기에는 턱없이 모자랐다. 넝쿨손 같은 아이의 손가락 사이로 소리가 흘렀다. 놀다가도 불현듯 달려와 쓱 엄마 젖을 훔치듯이 아이는 소리를 훔쳤다. 연방 헛손질이었다. 아이의 손이 스치자 광주리에서 소리가 났다. 뒷산 절간에서 듣던 풍경소리였다. 아이는 마루에 누워 풍경 소리를 들었다. 엄마가 부르는 소리를 닮았다. 엄마는 오지 않았다.

친절하게도

사랑한다고 말해서
너를 따라갔다.

너는 때로는 삵처럼 신중하고 민첩하고 비를 맞은 듯 축축하기도 했다. 친절하게도 처음으로 거웃이 선명한 성인용 잡지를 보여주었다. 영화를 보고 나오는 어느 날은 친절하게도 상영관 벽에 나이 이른 여자를 세차게 밀치며 영화 속 흥분한 사내처럼 코피를 흘렸다. 친절하게도 너의 불룩한 아랫도리를 보여주기도 하였다. 해주지 않으면 떠나겠다고 말하기도 하였다. 해준다는 것이 무엇인지는 몰랐으나 버림받아 혼자 남겨진다는 것은 무서웠다.

엄마는 오지 않았다.

죽은 형 이야기를 할 때는 슬퍼 보여서 너를 따라 무덤에 갔다. 너는 친절하게도 무덤가에서 손목시계를 보며 여자의 치모를 헤집고 정점에 도달하는 시간을 쟀다. 묏등의 띠는 삐비처럼 보드라운 여자의 등을 할퀴었다. 달리 할 일이 없는 여자는 몸을 빠져나왔다. 여자는 여자를 지켜보았다. 맑은 햇살이 눈을 찔러서 여자는 여자에게 이것은 내가 아니야, 라고 친절하게 말해주었다.

나는 내가 아니니 나는 안전하다.
너는 때로는 비에 젖은 살쾡이처럼 은밀하고 날렵했다. 이것이 마지막이라고도 했다. 여행을 떠났다. 너를 따라 섬에 갔다. 친절하게도 너는 각본을 가지고 있었다. 첫 술을 마셨고 나는 너의 의도를 알지 못했다. 뱀의 허물을 벗은 너의 알몸은 친절하게도 흉기였다. 목을 짓누르는 늪 같은 공포가 엄습했으므로 나는 나에게 이것은 내가 아니야, 라고 친절하게 말해주었다. 나는

친절하게도 섬에 갇혔다.

또는 상처에 대하여

언어는 잊어도 몸은 기억하고 있다
몸은 기억하고 있어도 말은 잃었다
소라껍질처럼 웅얼거리는 몸통은 있어도
소리는 나오지 않는다
밑동이 잘린 나무처럼 쓰러지던
그날 이후, 잃어버린 것은 누구인가
놓아버린 것은 무엇인가 어느 곳에 두고 온 것인가
명치끝인가 갈비뼈 언저리인가 가슴께 어디쯤인가
겨드랑이인가 입술 젖꼭지 배꼽 샅 어딘가에서
캄캄한 씨앗 같은 어둠을 품고 햇살을 기다리는 것
소리를 찾느라 붉은 숨결을 고르는 여러 날
들판에 나불대는 무꽃이거나 배추꽃
새벽이슬 같은 냉이꽃이거나 상추꽃
부추꽃이거나 갓꽃이듯이
흔들리면서 발화하는
오래 기다려야 볼 수 있는 꽃,
또는 상처에 대하여

선유도

선유도에 가자고 말했지
신선이 놀다 갔다는 선유도
여자는 어디 가자고 말해준 게 좋았나봐
선유도에 가자는 너는
싫었는데, 무서웠는데, 끔찍했는데, 말하지 못했어
선유도에 가자는 네가 무엇을 하는지 몰랐어
여러 날 사랑한다고 말해서, 사랑한대서
햇살이 눈부신 날이었는데
선유도에 가자는 네가 한 일이 무엇인지
이제 알아, 아무도 없는데
네가 한 일은 잠시도 쉬지 않고
스윽, 슥, 속살을 저며
한순간도 저미는 끝이 멈추지 않아
심장도 저미고, 목구멍도 저미고,
낮밤 가리지 않고, 스윽, 슥,

아, 아,
선유도, 仙遊刀.

키스

새벽녘 어스름 두드리는
뼛속까지 묻어둔 슬픔을 속삭이는 이파리처럼
맨 처음
뿌리에서 하늘까지 물관을 따라 춤추던 떨림.
깊고 넓은 이야기
길고 나지막한 노래.
꽃에서 눈으로 꽃잎에서 빛으로
태초에 한 몸이듯
오래전부터 오래 기다린 사람이듯
둘이면서 하나인 존재로
둘이면서 하나인 세계로
모세혈관을 타고 폭발.
딸깍,

시간의 기억

아물지 않은 기억은 아프지 않다
기억은 쉴 새 없이 흔들린다
가까스로 버티며 살아내던 지난한 몸짓을
통째로 집어삼키려는 듯 소스락거린다
피리 소리를 기다리는 뱀처럼 똬리를 틀고 앉아
켜켜이 삭였다고 믿고 싶었던
망각의 시간을 불쑥불쑥 갉아 먹는다
꼿꼿이 고개를 드는 기억을 분지르면
기억은 단숨에 심장을 관통한다
심장은 습습히 스며드는 기억에게
제 몸을 뚫고 번지는 살모사의 침샘처럼
한 번은 기어이 숨길을 내어주고야 말리라
손목을 그어 줄에 목을 건 핏빛 꽃을 만나든지
첫 연인처럼 쉬지 않고 속살대는 시간의 기억

치명적인 독사의 눈깔보다 더 어지러운
저 혓바닥

그래서 어쩌라구요?

결혼하면
엄마처럼은 안 살 줄 알았던
엄마보다는 잘살 자신이 있었던 女子

마음을 딴 데 주었다는 남자와
이미 낳아버린 새끼를
어쩌지 못해

남자와 살기로
스스로 약속한 女子

새끼가 상처 받는 걸 용납할 수 없어
새끼가 상처 받는 게 두려워

남자와 살기로
스스로 약속한 女子

작은 아이가 대학 갈 때까지

그래, 십팔 년이다

女子 눈을 보지 않는
남자와 사는 女子

쏟아지는 화살을 온몸으로 막으며
새끼를 품에 안고서
그렇게
매일 매일 죽는 女子

그래서 어쩌라구요?

전철 안

언제 만난 적 있었을까

전철 안은 여행을 떠나는 사람처럼 혹은 돌아오는 사람처럼
지치고 피곤하고 알맞게 따뜻하다
수다를 떨기도 때로는 옆 어깨에 닿을 듯 머리를 기대며 졸기에도 좋다
쫑알거리는 연인처럼 손이라도 잡을 듯 다정한 거리
어쩌다 살갗이 스치더라도 눈웃음마저 보낼 수 있다
옆 사람의 온기를 느끼면서 말소리를 들으면서 사람들 표정 구경도 하면서
혼자가 아니라 한집 식구처럼 아늑함을 느낀다
안도하며 어디론가 함께 가고 있다

전철을 타면 외롭지 않다

선물

동쪽 하늘에 보름달 떴다
당신에게 보내는 선물이다
그 선물 보내느라
품이 많이 들었다

동쪽 하늘에 보름달 떴다
나마저 잊을까 하느님은
달마다 한 번씩 잊지도 않고 떠올려 주시는데
정작 기다리는 답장은 오지 않는다

하느님도 엎드려 빌면 들어주신다는데
동쪽 하늘에 보름달 떴다

세상에 없는 빈방

뒤뜰 사이프러스 나무에는 빈방이 있다. 방에는 사막으로 통하는 작은 길이 나 있다. 사막은 바람이 스칠 때마다 웅크리고 목울대를 길게 빼고 마른 갈기를 세운다. 여자아이는 골목길에서 오지 않는 엄마를 기다린다. 엄마를 찾아 사막을 여행하는 꿈을 꾸고 있다. 사막 위로 흰 눈이 내린다. 오래 참아온 첫울음이다. 사이프러스 나뭇잎이 흔들린다. 흔들리는 것은 여자아이만은 아니다. 몸집이 큰 사내아이가 여자아이를 얼러서 방으로 데려간다. 방 안에는 몸집이 큰 사내아이가 여럿이다. 여자아이는 다섯 살. 사내아이는 바지를 내리고 사타구니에 여자아이를 걸터앉힌다. 어두운 방 안에는 눈깔들이 색동구슬처럼 낄낄거리며 굴러다닌다. 나는 움직일 수가 없다. 방은 어두운 방이다. 창호지 문을 통해 바깥의 선한 햇살이 방으로 들어온다. 나는 서까래에 붙어서 나를 내려다본 것도 같고 사막의 마른 울음소리를 들은 것도 같다. 더는 보이지 않는다. 여러 날을 앓아누웠다. 바람이 부는 날이면 사이프러스 나무 아래에서 오지 않는 엄마를 기다린다. 사이프러스 나무 아래 앉아 사막을 여행하는 낙타의 닳은 뒷굽처럼 뒤뚱거리며 기침을 한다. 목울대를 길게 빼고 목에 박힌 가시를 뱉는다. 뒤뜰 사이프러스 나무에는 빈

방이 있다. 빈방에서 나는 사막처럼 마른기침을 한다. 나는 세상에 없는 빈방에 갇혔다. 몸은 알고 있다.

눈썹달

숱한 밤 동침을 하여도
날마다 처녀인,

아아, 이제 그만 처녀를 버리고 싶다

제2부

뻐꾸기시계

여자는 뒤척인다. 잠을 이룰 수 없는지 일어나 앉는다. 뻐꾸기시계가 열두 번을 운다. 이내 잠잠하다. 기다릴 수 없다. 밤이 무섭다. 창밖을 본다. 그는 어디에 있는 것일까. 더는 견딜 수 없다.

오늘 저녁 약속 있어. 남자는 한 마디를 하고 전화를 끊는다. 핸드폰을 끈다. 음악을 들으며 어디론가 가고 있다.

창밖은 아직은 어둡다. 여자는 뻐꾸기처럼 창문으로 연방 고개를 내민다. 어둠 속을 살핀다. 뻐꾸기시계 소리가 여자의 가슴팍으로 파고든다.

뻐꾹. 뻐꾹. 뻐꾹.

새

새벽 꿈 사이로 길을 간다. 산길을 간다.
아무도 없는 길. 한적한 길.
주—욱 뻗은 길. 기다란 길.

새 한 마리,
나를 일으키는 새 한 마리.

비릿비릿 비리릿
스웃 스웃 스웃
두릿궁 두릿궁 두릿궁

안고 자는 품.
찢기고 할퀸 날개,
서로를 견디느라 간직한 품인가.

디웃 디웃 디웃 비빗 스으 비빗 스으 비빗 스으
그극 그-그 그극 그-그 그극 그-그
스스-수욱 스스-스욱 스스-스욱

저기 저, 새
깃털을 맞대고 부리를 부비는 저, 새
수평선이다.

강을 건너서도 제 몫은 살아야 한다.

외도

같이 사는 남자가 아침이면 일하러 나간다. 여자가 따라 나선다. 고개를 수그려 무거워 보이는 남자의 어깨를, 근심을 싹싹 쓸어내린다. 힘내요. 안아준다. 볼을 비비고 입술을 맞춘다. 남자의 엉덩이를 토닥여 준다.

여자는 엘리베이터 유리창 앞에 선다. 두 손을 머리에 얹어 하트 모양을 만든다. 한쪽 눈을 찡긋하며 큐피트 화살을 날린다. 일찍 와요. 일찍 오면 뭐 있어? 자기가 나보다 일찍 오면 기분 좋더라.

눈을 보지 않는 남자를 끌어안을 때마다 여자의 가슴에는 가시가 촘촘히 박힌다. 수천 수만 수억의 가시들. 숨 쉴 때마다 쑤셔대며 제 존재를 알리는,

조강지처

같이 사는 남자가
같이 사는 여자에게, 잠꼬대를 하듯 말한다
조강지처를 못 버리겠더라

조강지처

뱃속 아기가 들을까
그 밤 내내
보름달 아래 황금빛 박처럼 빛나는
부른 배를 쓰다듬으며
외상 입은 짐승마냥 숨죽여 우는

미친년

나와 너 사이에는 와가 있다

나와 너 사이에는 와가 있어서 와를 통과하지 않고서는 나와 너에게 가닿을 수 없다. 와를 통과하는 것은 쉽지 않다. 와를 건너려고 길을 떠난 나와 너 이야기는 많이 들었지만 와를 건너서 나와 너에게 이르렀다는 이야기를 듣기는 어렵다.
어떻게 해야 와를 건널 수 있을까

와를 건너는 방법
1. 이리저리 몰려 다닌다
2. 나, 너가 나, 너를 말한다
3. 끼리끼리 다닌다
4. 둘이서 짝꿍이 되어 다닌다
5. 중세 기사처럼 무장을 하고 긴 창으로 와를 쓰러뜨린다
6. 궁수를 배치해서 와를 향해 무차별 화살을 쏘아댄다
7. 와를 펜으로 지운다
8. 와를 지우개로 박박 지운다
9. 와를 위에서 찍어 누른다. 캔을 찌그러뜨리듯이
10. 와가 사라질 때까지 쏘아본다
11. 그냥 내버려둔다

12. 들여다본다

나와 너 사이에는 와가 있다
어떻게 하면 와를 건너 너에게 닿을 수 있을까

아내

남편에게 그저 아내일 뿐인
여자

살 길을 찾아
필사적으로 펄떡이는
시멘트 바닥 위에 패대기쳐진 복어마냥
화려한 빛깔 다 버리고
가슴속에
시퍼런 칼날 감추고 있다

그저 아내일 뿐인, 여자는
오늘도 집을 나선다

외줄을 탄다

가정

지키느라
죽는 줄 알았다

현금서비스

현금서비스 받을 수 있나요?
가슴을 철렁하게 하는
문자 메시지

너 나빠
나 이렇게
기를 쓰며 살고 있는데

너 나빠
나 사느라
이렇게 기진맥진해 있는데

되지도 않는 머리 쥐어짜며
돈 벌어 겨우겨우 먹고 사는데

그래
네 잘못만은 아니지, 아니야

가슴을 쓸어내리며
자동응답기가 시키는 대로
뚜뚜뚜뚜
전화기 숫자판을 누르며
현금서비스를 받는다

또다시
숨통을 조여 오는
갈 때까지 간
돌려막기

조팝꽃

길섶에 조팝꽃
등을 맞대고 피어 있으니
외롭지 않겠다

가난해서
사람을 만나지 않은 날이 있었다

대나무 속처럼 가슴이 캄캄한
맑은 살림살이에 눈을 씻던 날들

자꾸 씻으니 눈이 맑아지나 보다

첫눈 같은 조팝꽃,
내 가슴에 소복소복 내린다

새벽

연필을 깎는다. 검은 연필심은,
벼랑 끄트머리의 촉처럼 날이 선 눈빛이다.
속이 다 타버려서 차라리 투명하다.
그 눈빛 낯이 익다.

어디서 보았을까.
투명한 눈빛으로 뜨거움을 견디고 있는
초승달처럼 푸른,
은장도 벼린 날빛 같은 것.

제 살 속에 파묻어둔 혼 같은 것.
비린 첫사랑 같은 그것.

연필을 깎아 엎드려서 시를 쓴다.

꽃잎으로 흐르는 강

꽃송이 흐드러지게 피어난다
더는 어쩌지 못하고 터트린다 폭발한다
가슴에 품은 희디흰 꽃송이
핏빛 외침이다 비명이다 순하디순하게
순응하는 꽃잎,

살 속 깊이 박혀 있는 뜨거운 슬픔을 꽃피우고
더운 손길로 느리게 더듬는 바람, 너 또한
하얗게 널브러진 눈물 말간 울음이다

그리워서 살이 지독하게 그리워서
바람보다 먼저 알고서 바람보다 먼저 아프다
당신 때문에 몸이 아프다 온몸이 아프다

설움에 겨워 후드득후드득 흔들리는 꽃잎
꽃잎이 흐느끼는 속내를 아는지 모르는지
어깨를 들먹이며 질펀하게 함께하는 여자
작은 어깨를 들먹이며 길을 간다 꽃길을 간다

섬진강 십리 너무 환해서 서러운 길
뼈에 박힌 그리움을 토해내고
세월처럼 가벼이 떨어지는 여자는
햇살 타고 내리는 선한 눈물
빛처럼 부시게
서럽게 녹아내리는 꽃

하늘 가득 터지는 환한 울음 속으로
몸 풀고 돌아누운, 잉태를 중단한 날
소리 없이 무너져 내리는
단단히 닫아 건 빗장뼈 하나

개벽(開闢)

자위를 할 땐
하늘은 끝내 열리지 않는다

그만이라고 할 때까지
아아 그만이라고 할 때까지

자꾸만 실체를 드러내는 자꾸만 깨닫는 자꾸만 만나려는
자꾸만 나를 만나지는

새벽

그 후,

믿음?
그거
깨라고 있는 거다.

몰랐니?

산산조각으로 부서진
천 갈래 만 갈래 찢어진 가슴 위에
배반이 훑고 지나간 자리 위에
절망 위에

자는 놈,
목을 발로 팍 밟아
죽여 버리고 싶은
살 떨리는 증오마저도
사랑할 수 없을 때라도

그냥 사는 거다.

목련의 방식

비 맞는 목련꽃을 본다

흰 꽃은
아주 그리웠을까

속살을 버리듯이
사랑을 버리듯이
비를 맞는다

자꾸 뒤돌아보게 한다

온몸으로 자신을 버리는
목련꽃

제3부

배롱꽃 필 때

그날처럼
서성이며 그날처럼
한여름 붉은 꽃이 핀다

꽃이 앉은 자리마다 붉은 가슴
석 달 열흘 자꾸만 간지럽다
자리자리 간지럽다

빨갛게
첫 입맞춤처럼 시퍼렇게
태양을 잊었다

백일 동안
여름이 온통 하얗다

대책 없는 상사(相思)

매운바람 때문만은 아닐 텐데
생각도 말도 잊게 하는
쩡쩡 얼음 깨지는 소리

바람에 나부끼는 흰 빨래처럼
공연스레 허둥대며
애꿎은 입술만 깨문다

언 땅을 비집고
노란 얼음새꽃 필 때면 도지는 울렁증,
당신에게 달려가고 싶다

어찌할까
살짝 감추어둔 대책 없는 상사(相思)

또
봄이 오시네

봉선화

온몸이 불에 덴 듯
안으로 숨어든 심장의 화상
바람이 스칠 때마다 깊어진다

딱히 그곳에 있을 이유는 없는데

마른 가지 하나하나
열 손가락 손끝에
봉선화 물을 들인다

첫눈 오는 날까지
당신 생각에
남몰래 볼이 붉어진다

동백꽃

땅끝까지 달려 보아도
내 눈에는 그대만 보여
잊지 않으면
어쩌다 한번은 만날 수 있을까

온몸을 후려치고 지나가는
내 것이 아닌 사랑

떠난 것은 돌아올 수 없기에
어찌할 수 없어서
그리운 것
영영 찾을 수 없기에
흰 잔설 위에 모가지를 똑똑 분지르며
피를 쏟으며
동백꽃은 서 있다

벚꽃

보고 싶다
보고 싶다고

캄캄한 씨앗 어둠 저 건너편에서 밀고 들어오는
초록 바람이 스치면
꽃잎은 한꺼번에 쏟아낸다

어느 곳에 저런 용기 숨어 있었을까
나는 벚꽃처럼 저렇게 살뜰히
고백해본 적 있었던가?

뒤돌아보면
아찔한, 벚꽃 피었다

기도

배고프지 않게

식구들 머리 맞대고
밥 먹었습니다

이보다 좋을 수 없습니다
더 이상 바랄 게 없습니다

다 되었습니다

날마다
생각날 때마다
잊어버리지 않으려고
기도합니다

밥 먹었습니다

눈물의 힘

내 힘으로는
평생 갚을 수 없는
빚이 있다

내가 저지른 일이 아님에도
갚아야 할 빚이 있다
불어나기만 하는 빚이 있다

나
가난하지만
많이 가난하지만

빚을 빚으로 여길 수 있는
눈물이 있어서
나, 풍요롭다

정직한 눈물이 있어서
나, 외롭지 않다

여자 나이

정희가 나이를 묻는다
여자 나이 묻지 마
여자끼리는 말해도 되요
난 열 살이에요
선생님은요?

당당히 나이를 밝히는 여자 앞에서
나는 여자보다 더 작아진다
창가에 해바라기 환하게 피어 있다

궁금증을 풀지 못한 여자는
물음표처럼 나이를 묻는다
불혹을 유혹으로 읽는 나는 잘못한 것 없으면서도
끝내 나이를 밝히지 못했다

여자는 이제, 내게 권력을 행사한다
교실에서 내가 누린 것보다 더 해맑은
여자 나이이다

몇 살이에요?
말해 봐요

너는 모를 거다

너는 모를 거다
너를 향한 열망과
외로움과 아픔을

너와 나누고 싶던 달콤한 연애도
한순간만이라도 마주치고 싶던 눈길도
너는 모를 거다

꽃 피고 지고
피고 져도
너는 모를 거다

마주 잡고 자던 따듯한 손길도
지독하게 싸우고 다시는 안 볼 것처럼
등 돌려 누워도
발끝이라도 대고 자던 간절함을
너는 모를 거다

죽어라 너를 만나고자 하는
죽어라 나를 보지 않는

너는 모를 거다
씹할 놈의 새끼

욕하고 돌아누워도 다시 찾는, 끊을 수 없는
이 지랄 맞은
욕정

얼굴을 파묻고
스스로 가슴을 쥐어뜯는

마침내

한순간이다
사람과 사람이
만나는 건 순간이다

    이게 사랑인가
    욕망인가, 욕정인가
    성욕 배출구인가
    섹스 파트너인가

등 돌려 돌아누워 뿌리치던
지난밤의 더운 손길을,
뜨거운 욕정을,
사랑이라 말하자
그래야 서로를 더듬던 손길을
함께 산 세월을
용서할 수 있을 테니.

몸을

열고 닫을 줄 알게 된 여자는
다시금 사랑을 한다

오롯이 제 자신을 마주 보고서
혼자서 뚜벅뚜벅 걸어가는
인생

연필에 대한 명상

글씨 쓰는 게 서툴러 곧잘 틀리는데
지우고 다시 쓸 수 있어서 연필로 쓰지요
쓰다가 오래 써서 닳아 길이가 따로인 연필을
한 움큼 모아 두었다가
불현듯 새벽이면 연필을 깎지요

사각사각 드러나는 속살을 보며
시를 외우곤 했지요
시가 좋아서 어쩐지 좋아서
읽고 쓰고 입술을 적셔가며 외우곤 했지요

세상살이 살다보니 사는 게 시라서
시를 몸으로 쓰게 되어서
가슴으로 쓰게 되어서
이제는 깎일수록 드러나는 연필심처럼
또박또박 제 길로 가고자 했지요

새벽이면 한 움큼 모아둔 연필을 깎아

나란 나란히 뉘어놓아요
제각각 제 몫에 쓰이라고
제각각 가슴에 깃들이라고

가지런히 누워 있는 깎아둔 연필들에서
날렵한 연필로 시를 쓰고 쓰지요
나를 쓰고 쓰지요

귀뚜라미 소리

어둠 저 건너편
구석진 곳에서
마음 놓고 퍼 올리지 못하는 귀뚜라미 소리

꿈결에 흐느끼던 내 소리였을까
눈가가 촉촉하다
돌아누워 울음소리 듣는다

산다는 건 이렇게
조용히 귀 기울이는 것이던가

냇가에서 심심히 물수제비뜨고 싶어지는
잠을 잊은 밤,

당신에게 가서
함께 울어주고 싶다

벌레 먹은 나뭇잎

나뭇잎이 떨어져 내린다
온몸에 무늬가 새겨져 있다
누군가 머물렀던 온기
삶의 뒤꼍 같은 길
누가 지워지지 않는 길
새겨놓았을까
누군가는 살기 위해서
훑고 지나간 흔적이다
반쯤 물든 잎사귀는
댓바람을 피하려는 서랍처럼
웅크리고 있다
나도 따라 걸음을 멈추고
오도카니 들여다본다

거기, 당신이었으면 좋겠다

사월의 노래

사월이면 꽃씨를 심겠어요
가늘고 흰 손가락으로 머리카락을 빗으며
낮은 목소리로 꽃씨를 심겠어요
작고 여린 꽃씨는
당신을 부르는 낮은 음처럼
날마다 자라겠지요

당신은 닿지 못하는 시간에 있어도
보랏빛 꽃 흔들겠지요
어쩌면 당신도 흔들릴까요

사월이면
푸른 머리카락 속에 꽃씨를 심겠어요
반쯤은 피겠지요

제4부

미늘

수천수만 번 자맥질하며
온몸 쳐들어 하늘을 떠받드는
실낱같은 자벌레

단 한 번의 입질이었다!

갈고리에 몸을 싣고
비명 소리가 입 밖으로 새어 나가지 않게
엎드리고 엎드린다

후회는 잿더미 위에서 찾는 것이다

목숨

아흔네 살 박귀님 할머니는
먹거리마다
짜다, 싱겁다, 쓰다
타박을 놓으면서도
잡수는 것마다
이 없는 잇몸으로
오몰오몰 오몰오몰

삶과 죽음마저도 초월한
저 경건한
구도

단술

못이 박혀 투박한 어머니 손에서는
엿기름과 섞여서 달짝지근한
단술이 되었다.

맛이 상한 밥, 오늘 너는
음식물 쓰레기봉투로
직행이다.

보드랍고 여린 손에서는
새롭게 태어날 기회도 없이,
문득

사람을 잘 만나야 한다.
어머니 말씀 귀에 선하다.

차밭에서

녹차밭 풀을 낫으로 벤다
한 이랑 매고 옆 밭 감나무 그늘 아래 앉아
풀벌레 소리 듣는다
아고, 힘들다 온 삭신이 쑤신다

어머니는 낙타처럼 등을 구부리고
쉬지도 않고 구부리고
아예 땅이 되었다 흙이 되었다

이것이 뭣이여 풀만 무성히
나보고 어쩌라고
그래도 아버지랑 매서 이만해야

아버지 살아 계실 때 함께 매던 밭인데
이제는 풀만 우거져 차나무보다 더 자란 풀을
낫으로 베다가 행여 다칠까봐
나무 사이로 자란 풀을 손으로 살살 쥐어뜯다가
자식에게 탓 들을까봐 굽은 허리

펼 생각도 없이 쉼 없이 손을 놀리며
아버지 생각하는 게다

어느 날 무섭게 끝나는 게 삶이다
어느 날 무섭게 끝장내는 게 인연이다

더는 말씀이 없다
눈물마저 마른
꼬부랑 우리 엄마

매화를 찾아서

눈 내리듯
섬섬하게 반길 줄 알았는데
가까스로 봉오리만 앉았다

햇살 한 자락이면 소식 주었을까
웅크리며 견뎌낸 시간을 잊고서
매운바람에 놀라 숨은 것인가

사랑하기는 한 것인지……

양지바른 해우소 앞에 핀
때 이른 홍매화 한 잎
포르르 파고들었다

가을은

하루에도 수십 번씩

그리움으로 죽게 하는 계절이다

달팽이

새끼를 버린 그녀가
한사코 앞장서 대숲으로 들어간다
무릎과 무릎 사이에
언젠가 내 목숨이던 젖줄을 묻고
부서지기 쉬운 등뼈를
촉수처럼 둥글게 말아 길을 낸다
맞서 싸울 변변한 이도 없으면서
앞서 덤불을 제치며 오른다
맨살로 벽화를 그리듯
느리게 느리게 언덕을 오른다
대숲에는
길이 없다

수선화

달빛이 너무 맑아서
저리 붉은 울음 우는가

들여다보지 마라

중심까지 파고드는 길
위험한 일이다

입 안 가득 배어드는 달빛
우물처럼 깊은 눈으로
수선화는 서 있다

편지

어둠이 채 가시기 전에
새벽이슬 머금은 찻잎을
새소리 바람소리 곁들여 딴다

씨 뿌리고 네 해를 기다려서
처음 따는 찻잎
아버지 생각에
손끝이 몹시 바쁘다

씨앗 뿌리고 가꾸실 때
첫 잎 따기도 전에
가실 줄
아버지는 모르셨을 테지

기억을 더듬어 아홉 번 덖어 차를 빚는다
서툴고 어눌하게 빚은 차이지만
찻잎 띄우고 들여다보니
차 향기 따라서 나도 그만 향그러워진다

차 이파리 벙그는 소리 듣는다
그리움도 잠시 미루고
순간 부러운 것이 없다

이리 단순한 것을

완두콩

홀로 계신 어머니가 보낸
여린 순 젖빛 같은 완두콩
택배 상자 안에서 와아아아 웃는다

꿋꿋하게 잘살아 잘하고 있어
목소리 듣고 싶어서
눈빛 그리워서
전화기 붙들고 엄마, 엄마

보드라운 완두콩 배를 가르니
오물락 조물락 살을 맞대고
까르르 까르르 웃는 완두콩

너희들도 그리움을 아는구나

끈

전대 병원 중환자실에
뇌출혈로 쓰러진 아버지가 누워 있다.

고향집 모퉁이 모래판에
가지 쳐서 꽂아둔 천리향도
황토방 지으려 쌓아놓은 붉은 흙도
같이 누워 있다.

세상과 닿지 않는 아버지의 거리를
인공호흡기는 혼자서 꼿꼿하게 서서 활기차게 달린다.
세상에 강제로 붙들린 저 끈,

아버지는 붉은 흙이며 천리향이다.

텅 빈 뜰

시골집 마당
은행나무 한 그루

해마다 열매를 품고서도
건너편 지아비 나무가
자리를 비우고 그 자리 휑한 뒤로는
흙 밖으로 뿌리를 드러내고
갈수록 힘이 없다

재잘대던
새들도 떠나간
텅 빈 뜰

색실 묶어 뜨개질해드렸던 색동 속바지
하늘에 뜬 무지개 본 듯 입으셔도
한번 다녀가라는 말,
간간히 은행잎처럼 떨어지는
시골집 마당

어머니 홀로
남은 은행나무를 본다

여행

내 발로
내키는 대로 떠돌아다니리라
세계를 누비고 다니리라
마음먹었는데

갈 수가 없다. 다른 나라에는
한 번도 못 가봤다.

내 꿈을
단단히 움켜잡은 빚.

여행이 별거냐
사는 게 여행이지.

지금껏 살아온 날이
앞으로 살아갈 날이 여행이지.

가슴으로

가슴으로
떠나는 여행.

짐을 꾸릴 번잡함도 없이
가고 싶은 곳
어디든지 가리라.

네팔의 선한 사람들
순한 눈망울도 만나고
아프리카도, 유럽도
어디든지
가고 싶은 곳이면 어디든지
마음대로 떠나리라.

사는 것이 여행이다.

돼지저금통

아이가 잠든 틈을 타
빨간 돼지저금통 배를 가른다

쏟아져 나온 동전으로 탑을 쌓아 헤아리고
구겨진 종이돈은 다림질하고
먹거리도 장난감도 아이 옷도 사야 한다

돼지저금통 배를 갈라
아이의 꿈을 훔친다

해설

상처와 치유 사이

고영 시인

1.

상처 중에서 가장 지독한 것은 기억 속에 존재하는, 아니 아문 기억에 남은 '상처의 흔적'이다. 딱지조차 남아 있지 않은 상처의 흔적이 한 사람의 인생을 좌우하기도 한다. 그만큼 상처는 힘이 세다. 하지만 돌이켜 생각해보면 상처는 엄연히 과거 속에 존재한다. 다시 말해 인간 스스로 과거에 억압당하며 살고 있다고 할 수 있다. 그럴 수도 있다! 최초의 억압이란 인간 정신의 본질적 요인이므로 평등하다. 그 누구도 회피하거나 외면할 수 없기 때문에 상처의 깊이를 따질 이유는 없다. 그렇다면 신체에 난 상처는 어떤가. 누군가 몸에 새겨진 상처야말로 진정한 상처라고 주장할 수도 있다. 맞는 말이지만, 몸은 치명적 상처를 기록하지 않는다. 오늘 내가 살아 숨 쉬고 있다면 그 몸의 상처는 이미 치명적이지 않은 것이고, 목숨을 앗아갔다면 나는 오늘 존재하지 않으므로 그 상처 또한 존재하지 않는다. 그런 의미에서 기억에 새겨진 상처만이 진정으로 아프고, 또한 치명적일 수 있다.

 서정연 시인은 이 일반적인 사실을 애써 숨기거나 미화하지 않고, 오히려 그 상처의 드러냄을 통해 어떤 진실에 다가가고자 한다. 물론 그것은 시적 진실일 뿐, 갑자기 삶을 환하게 하거나 인생의 가치를 빛나게 할 수 있는 것은 아니다. 『목련의 방식』은 의미심장하지만, 그 과정은 '의미'란 어휘를 무색케 할 정도로 생생하고 참혹하다.

   아물지 않은 기억은 아프지 않다
   기억은 쉴 새 없이 흔들린다
   가까스로 버티며 살아내던 지난한 몸짓을
   통째로 집어삼키려는 듯 소스락거린다
   피리 소리를 기다리는 뱀처럼 똬리를 틀고 앉아
   기꺼이 삭였다고 믿고 싶었던
   망각의 시간을 불쑥불쑥 갉아 먹는다
   꼿꼿이 고개를 드는 기억을 분지르면
   기억은 단숨에 심장을 관통한다
   심장은 습습히 스며드는 기억에게
   제 몸을 뚫고 번지는 살모사의 침샘처럼
   한 번은 기어이 숨길을 내어주고야 말리라
   손목을 그어 줄에 목을 건 핏빛 꽃을 만나든지

> 첫 연인처럼 쉬지 않고 속살대는 시간의 기억
> ―「시간의 기억」 부분

　시인은 이 작품에서 보이는 두 개의 명제 사이에서 시를 쓰고 있다. 최소한 시집의 전반부는 그렇다. "아물지 않은 기억은 아프지 않다"는 것은 어떤 사건이나 사태가 이미 현실로서 그 의미는 퇴색해버렸지만 기억의 흔적으로 남아 있다는 것을 암시한다. 그런데 그 "기억은 쉴 새 없이 흔들린다". 즉, 말 그대로 과거의 것으로 저장고에 가만히 쌓여 있지 않고, 간혹 불러내는 추억의 내용물로 바뀌지도 않고 자꾸 현재의 삶 속에서 재탄생한다는 것이다. 기억과 몸의 차이가 여기에 있다. 몸은 이미 완치된 상처를 아무리 쓰다듬어도 재발하거나 다시 피 흘리지 못한다. 그런데 기억의 상처는 자꾸 건드릴수록 걷잡을 수 없이 살아난다. "첫 연인처럼 쉬지 않고 속살대는 시간의 기억"은 상처의 재탄생을 알리는 암울한 징조(徵兆)임이 분명하다.

> 찔레꽃처럼 흰 꽃망울 내밀던 그 여자
> 꽃씨 같은 아이를 잉태하자
> 손을 잡고 병원에 데리고 갔다
> ―「찔레꽃, 그 여자」 부분

> 아득히 아득하게

분명 둘이서 나눈 숨결인데
혼자서 女子 혼자서 오아시스 없는 사막을 건넌다.
―「낙태 혹은 낙타」 부분

원초적 상처를 유추해볼 수 있는 작품들이다. '잉태와 병원', '낙태와 사막'의 상징은 확실하고 또 강렬하다. 여기에는 사랑이나 배신 따위의 관계적 관념이 개입할 틈이 없다. '그 여자'는 자신의 상처의 원인과 정체를 명확하게 알고 있다. "언어는 잊어도 몸은 기억하고 있다/몸은 기억하고 있어도 말은 잃었다/소라껍질처럼 웅얼거리는 몸통은 있어도/소리는 나오지 않는다"(「또는 상처에 대하여」)는 표현은 쉽게 즉 관찰이나 발견을 통해 생겨나지 않는다. 우리는 상상력의 기본 요소가 '체험, 기억, 지식'이란 것을 알고 있다. 그중 몸이 가장 가까이 둘 수 있는 것이 자기체험일 것이다. 몸의 기억은 가끔 언어를 잃지만, 그렇다고 기억이 사라지는 것은 아니다. '몸은 기억하지만 언어를 잊는' 상황이 때로는 가장 비극적인 상황을 초래하기도 한다. 그것은 행위의 반복으로 이어지고, 상처를 덮기 위해 또 다른 상처를 찾는 악순환이 되기도 한다. 『목련의 방식』은 이와는 다른 방식, 경로를 보여준다.

언어는 잊어도 몸은 기억하고 있다
몸은 기억하고 있어도 말은 잃었다

소라껍질처럼 웅얼거리는 몸통은 있어도
소리는 나오지 않는다
밑동이 잘린 나무처럼 쓰러지던
그날 이후, 잃어버린 것은 누구인가
놓아버린 것은 무엇인가 어느 곳에 두고 온 것인가
명치끝인가 갈비뼈 언저리인가 가슴께 어디쯤인가
겨드랑이인가 입술 젖꼭지 배꼽 샅 어딘가에서
캄캄한 씨앗 같은 어둠을 품고 햇살을 기다리는 것
소리를 찾느라 붉은 숨결을 고르는 여러 날
들판에 나불대는 무꽃이거나 배추꽃
새벽이슬 같은 냉이꽃이거나 상추꽃
부추꽃이거나 갓꽃이듯이
흔들리면서 발화하는
오래 기다려야 볼 수 있는 꽃,
또는 상처에 대하여
　　　　　　―「또는 상처에 대하여」 전문

　몸에 가둬둘 수도 있었던 상처를 시인은 "소리를 찾느라 붉은 숨결을 고르는 여러 날"을 거쳐 '꽃씨 같은 아이'를 흔들리면서 발화시킨다고 한다. 무꽃, 배추꽃, 냉이꽃, 상추꽃, 부추꽃, 갓꽃으로 피워 올리는 이 변화에서 주목하게 되는 점은 사랑과 배신 같은 관념에서 삶의 실제로 어휘와 분위기가 바뀌었다는 것이다. 그뿐만이 아니다. '~듯이'는 흔히 말하는 직유법인데, 직

설적 진술이 비유적 수법으로 전환되었다는 것은 '그 여자'가 어떤 형태로든 '잊은 언어'를 되찾았다는 것을 의미한다. 이를 통해 상처는 시가 될 가장 중요한 고비를 넘어 선다.

2.

서정연 시인의 『목련의 방식』은 크게 보면, 상처와 치유 사이에서 시작(詩作)의 당위성과 필요성을 탐색한다고 할 수 있다. 상처와 관련해서는 '꽃'이 가장 강력하게 사용되는데, 꽃은 '화, 花'다. 반면에 치유와 연관 지어 보면 그 대부분을 나무가 차지하고 있음을 알 수 있다. 그중에서도 '차[茶]'가 가장 주(主)를 이룬다고 볼 수 있는데, 차는 '다, 茶'로 읽는다. 우연의 비약이거나 지나친 말장난이라는 비난을 감수한다면, '화'와 '다'는 이번 시집에서 의미하는 바가 적지 않다.

> 길섶에 조팝꽃
> 등을 맞대고 피어 있으니
> 외롭지 않겠다
>
> ―「조팝꽃」 부분

> 꽃이 앉은 자리마다 붉은 가슴
> 석 달 열흘 자꾸만 간지럽다

자리자리 간지럽다
　　　　　　　　　─「배롱꽃 필 때」부분

어느 곳에 저런 용기 숨어 있었을까
나는 벚꽃처럼 저렇게 살뜰히
고백해본 적 있었던가?
　　　　　　　　　　　　─「벚꽃」부분

시초는 '찔레꽃'에서 드러난다. "사내가/열아홉 살 여자를 데리고/섬에 갔다"(「찔레꽃, 그 여자」)는 사건으로부터 '그 여자'의 비극은 시작된다. 그 경과는 암울함을 동반하며 그려진다. 여자의 우울한 초상을 들여다보면 이렇다. "새끼가 상처 받는 걸 용납할 수 없어/새끼가 상처 받는 게 두려워"(「그래서 어쩌라구요?」)하기도 하고, 스스로 작은 아이가 대학 갈 때까지 '십팔 년'이 되기로 작정하기도 하며, "조강지처를 못 버리겠다"(「조강지처」)는 같이 사는 남자의 잠꼬대를 듣고도 "부른 배를 쓰다듬"는 '미친년'으로 여자는 자기를 정의하기도 한다.

여기에 덧붙여 생활의 비참한 상황은 시집 곳곳에서 아주 현실적인 표현으로 등장한다. 사실 여부를 떠나 그 '현실성'은 한 인간의 운명과 생존의 무게를 동시에 느끼게 한다.

살 길을 찾아

필사적으로 펄떡이는
시멘트 바닥 위에 패대기쳐진 복어마냥
화려한 빛깔 다 버리고
가슴속에
시퍼런 칼날 감추고 있다

그저 아내일 뿐인, 여자는
오늘도 집을 나선다

—「아내」부분

 이 자조적인 작품은 "전철을 타면 외롭지 않다"(「전철 안」)고 오히려 타인들에게서 위안을 찾는 작품과 맞물려 '그 여자'의 하루, 혹은 '열아홉 살'에서 시작해서 "불혹을 유혹으로 읽는 나"(「여자 나이」)까지의 신산(辛酸)을 그대로 비유한다.
 이런 자조적인 작품들에는 꽃이 등장하지 않는다. 그러나 '찔레꽃'에서 촉발된 것처럼, 비록 찔려 아프지만 어쩌면 자발성을 함의한 것이므로, 꽃은 이중의 의미를 갖는다. 그것은 화인데 '화(禍)'이면서 '화(和)'이기도 한 것이다. 앞의 인용 작품들을 보면, 「조팝꽃」에서는 "가난해서/사람을 만나지 않은 날이 있었다"라는 표현처럼 극도의 자기모멸이 있지만 동시에 "자꾸 씻으니 눈이 맑아지나 보다"처럼 새로운 지혜의 움이 보이기도 한다. 「배롱꽃 필 때」에는 '첫 입맞춤'의 기억이 여름을 온통 하얇게 한다는 추억도 있고, 「벚꽃」에는 "뒤돌아보면/아찔한, 벚꽃 피었다"는 지극한 긍정도 있다. 이처럼 꽃의 상징은 이중성에 가로놓여, 얼마간 상처를 가리는 역할을 하기도 한다.

그러나 진정한 의미에서 치유란 자기 변화를 기본으로 하는 것이고, 이를 위해서는 부정적 사실에 대한 재인식과 자기 긍정이 뒤따라야만 한다. 치유란 통증의 완화나 병인(病因)의 전이(轉移)로 이루어질 수 없는 것이기 때문이다.

서정연 시인은 '나무' 이미지로 이 치유의 가능성을 내비친다. 그것은 관계에 대한 새로운 인식의 시작을 알리는 것인데 "시골집 마당/은행나무 한 그루/…(중략)…/어머니 홀로/남은 은행나무를 본다"(「텅 빈 뜰」)에서처럼 '잎'이나 '꽃'이 아닌 한 그루의 나무로 이미지화되어 등장한다. 그 이면에는 여성이 되기 전의 가족이 있다.

> 녹차밭 풀을 낫으로 벤다
> 한 이랑 매고 옆 밭 감나무 그늘 아래 앉아
> 풀벌레 소리 듣는다
> 아고, 힘들다 온 삭신이 쑤신다
>
> 어머니는 낙타처럼 등을 구부리고
> 쉬지도 않고 구부리고
> 아예 땅이 되었다 흙이 되었다

이것이 뭣이여 풀만 무성히
나보고 어쩌라고
그래도 아버지랑 매서 이만해야

아버지 살아 계실 때 함께 매던 밭인데
이제는 풀만 우거져 차나무보다 더 자란 풀을
낫으로 베다가 행여 다칠까봐
나무 사이로 자란 풀을 손으로 살살 쥐어뜯다가
자식에게 탓 들을까봐 굽은 허리
펼 생각도 없이 쉼 없이 손을 놀리며
아버지 생각하는 게다

어느 날 무섭게 끝나는 게 삶이다
어느 날 무섭게 끝장내는 게 인연이다

더는 말씀이 없다
눈물마저 마른
꼬부랑 우리 엄마

―「차밭에서」 전문

 몇 개의 목소리가 혈연의 숙명 뒤로 사라진 것을 확인할 수 있다. "결혼하면/엄마처럼 안 살 줄 알았던"(「그래서 어쩌라구요?) 철부지 '그 여자'의 투정이 들리지 않는다. "나와 너 사이에는 와가 있다/어떻게 하면 와를 건너 너에게 닿을 수 있을까" (「나와 너 사이에는 와가 있다」)를 고민하던 '연인'의 숨은 열정도 자취를 감췄다. "눈을 보지 않는 남자를 끌어안을 때마다 여자의 가슴에는 가시가 촘촘히 박힌다"(「외도」)던 '아내'의 집착도 사라졌다. 다만 여기서는 "어느 날 무섭게 끝나는 게 삶이다/어느 날 무섭게 끝장내는 게 인연이다"라는 어떤 확고한 깨달음만 남았다. '그 여자'는 "기억을 더듬어 아홉 번 덖어 차를 빚는다/서툴고 어눌하게 빚은 차이지만/찻잎 띄우고 들여다보니/차 향기 따라서 나도 그만 향그러워진다"(「편지」)고 '편지'를 쓴다. 물론 그전에 '전대 병원 중환자실'에 누워 있는 '아버지'를 목도하지만 그 순간 "아버지는 붉은 흙이며 천리향이다"(「끈」)라는 사실을 깨닫는다. 이를 통해 "속살을 버리듯이/사랑을 버리듯이/비를 맞는"(「목련의 방식」) 것이 바로 "정직한 눈물이 있어서/나, 외롭지 않다"(「눈물의 힘」) 말할 수 있는 삶의 진정한 얼굴임을 알았기 때문이다.

3.

시는 깊고 무거워야만 아름다운 것이 아니다. 또한 시는 기법이 뛰어나고 명쾌해야만 아름다운 것이 아니다. '아름답다'라는 것을 가치로 삼을 때, 시는 그 어떤 이론과 제한을 뛰어넘는다. 시인의 말처럼 "여행이 별거냐/사는 게 여행이지.//지금껏 살아

온 날이/앞으로 살아갈 날이 여행"(「여행」)이다. 그 여행길에서 '가슴'으로 "네팔의 선한 사람들/순한 눈망울도 만나고", "가고 싶은 곳이면 어디든지/마음대로 떠"날 수 있다. 단 이 '가슴'으로 떠나는 여행은 하나의 조건을 앞세운다.

글씨 쓰는 게 서툴러 곧잘 틀리는데
지우고 다시 쓸 수 있어서 연필로 쓰지요
쓰다가 오래 써서 닳아 길이가 따로인 연필을
한 움큼 모아 두었다가
불현듯 새벽이면 연필을 깎지요

사각사각 드러나는 속살을 보며
시를 외우곤 했지요
시가 좋아서 어쩐지 좋아서
읽고 쓰고 입술을 적셔가며 외우곤 했지요

세상살이 살다보니 사는 게 시라서
시를 몸으로 쓰게 되어서
가슴으로 쓰게 되어서
이제는 깎일수록 드러나는 연필심처럼
또박또박 제 길로 가고자 했지요

새벽이면 한 움큼 모아둔 연필을 깎아

나란 나란히 뉘어놓아요
제각각 제 몫에 쓰이라고
제각각 가슴에 깃들이라고

가지런히 누워 있는 깎아둔 연필들에서
날렵한 연필로 시를 쓰고 쓰지요
나를 쓰고 쓰지요
　　　　　　　　　―「연필에 대한 명상」전문

시인은 이미 '자기만의 여행'을 위한 모든 준비를 마쳤다. "제각각 제 몫에 쓰이라고/제각각 가슴에 깃들이라고" 시를 겨냥하는 '한 움큼'의 연필을 깎아두었으니, 이제부터 치유란 '나'를 쓰는 행위다. 사태다. 사건이다. 어차피 시인이란 얼마만큼의 자아도취와 자기 과대망상의 존재들일 뿐이다. 하여, 연필을 소재로 한 이런 절치부심의 시를 낳을 수 있었으리라.

연필을 깎는다. 검은 연필심은,
벼랑 끄트머리의 촉처럼 날이 선 눈빛이다.
속이 다 타버려서 차라리 투명하다.
그 눈빛 낯이 익다.

어디서 보았을까.
투명한 눈빛으로 뜨거움을 견디고 있는

초승달처럼 푸른,
은장도 벼린 날빛 같은 것.

제 살 속에 파묻어둔 혼 같은 것.
비린 첫사랑 같은 그것.

연필을 깎아 엎드려서 시를 쓴다.

―「새벽」 전문

 "제 살 속에 파묻어둔 혼 같은 것./비린 첫사랑 같은 그것."을 엎드려서 시로 쓰는 행위, 그것이 바로 상처를 극복하는 일임을 서정연 시인은 이미 알고 있다. 하면 이제 실천하는 일만 남았을 터, 다소 늦은 감이 없지 않으나 이미 상처를 치유하는 법을 알고 있는 시인에게 두려움 따윈 없으리라 믿는다. 온몸으로 밀고 가야 하는 그 멀고 지난한 시의 길에서 서정연 시인의 이 절치부심을 또다시 만날 수 있으리라 기대해본다.

이 도서의 국립중앙도서관 출판시도서목록(CIP)은 서지정보유통지원시스템 홈페이지(http://seoji.nl.go.kr)와 국가자료공동목록시스템(http://www.nl.go.kr/kolisnet)에서 이용하실 수 있습니다.(CIP제어번호: CIP2016003078)

문학의전당 시인선 222

목련의 방식

ⓒ 서정연

초판 1쇄 인쇄	2016년 2월 2일
초판 1쇄 발행	2016년 2월 12일
지은이	서정연
펴낸이	고영
책임편집	이현호
디자인	헤이존
펴낸곳	문학의전당
출판등록	제311-2012-000043호
주소	서울시 은평구 연서로11길 7-5 401호
편집실	서울시 마포구 마포대로 127, 413호(공덕동, 풍림VIP빌딩)
전화	02-852-1977
팩스	02-852-1978
블로그	http://blog.naver.com/mhjd2003
전자우편	sbpoem@naver.com
ISBN	979-11-5896-243-2 03810

* 이 책의 판권은 지은이와 문학의전당에 있습니다.
* 양측의 서면 동의 없는 무단 전재 및 복제를 금합니다.
* 잘못 만들어진 책은 바꿔드립니다.